Winrich Scheffbuch

Bis hierher
hat mich Gott
gebracht

Gespräche zum Geburtstag

Hänssler-Verlag
Neuhausen-Stuttgart

CIP-Kurztitelaufnahme der Deutschen Bibliothek

Scheffbuch, Winrich:
Bis hierher hat mich Gott gebracht: Gespräche
zum Geburtstag / Winrich Scheffbuch. – 2. Aufl. –
Neuhausen-Stuttgart: Hänssler, 1984.
    (Telos-Bücher; 5044: Telos-Taschenbuch)
    ISBN 3-7751-0779-7
NE: GT

2. Auflage 1984
TELOS-Taschenbuch 5044
© Copyright 1982 by Hänssler-Verlag, Neuhausen-Stuttgart
Bildnachweis: dpa, Seite 39
Evangelische Bild-Agentur, Seite 20 und 29
Lachmann, Seite 44
laenderpress, Seite 58
Christa Petri, Seite 8
Umschlaggestaltung: Daniel Dolmetsch
Gesamtherstellung: Ebner Ulm

Herr,
ich bin zu gering
aller Barmherzigkeit und aller Treue,
die du an mir getan hast.

1. Mose 32, 11

Inhalt

Solche Gedenktage müssen sein!

Stehenbleiben und zurückschauen will ich.
Die Jahre zogen wie im Traum vorüber,
doch heute muß ich innehalten.
Die ganze lange Wegstrecke meines Lebens
hat mich Gottes Güte treu geführt.
Danken will ich,
Gott loben und preisen,
weil er so wohl an mir tut.
Oft schien es so,
wie wenn kein Ausweg mehr da wäre.
Verzweiflung machte sich breit
im Würgegriff der Angst.
Krankheit zerbrach die Lebenskraft,
aber Gott hat mich hindurchgeführt.
Er ließ mich nicht los.
Auch durch das dunkelste Tal
ging er unsichtbar mit,
und sein Wort tröstete mich allezeit.
Er gab mir neuen Mut,
als ich nicht mehr weiterkonnte.
Und als alle Wege vermauert erschienen,
öffnete er wunderbar die Tür,
durch die ich hindurchgeführt wurde.
Danken will ich Gott
für alle Erlebnisse,
gerade in Angst und Not.
Da wurden mir die größten Erfahrungen zuteil,
wie er sich meiner annimmt,

damit ich vor ihm lebe und ihm diene.
Bis hierher hat der Herr geholfen!
Vor ihm will ich heute stehenbleiben
und ihm danken für alle seine Liebe,
die er an mir getan hat.

»Vater, danke!«

Ich will den Namen des Herrn preisen.
Gebt unserm Gott allein die Ehre!
Er ist ein Fels.
Seine Werke sind vollkommen,
denn alles, was er tut, ist recht.
Treu ist Gott und kein Böses an ihm,
gerecht und wahrhaftig ist er.
Dankst du so dem Herrn, deinem Gott,
du tolles und törichtes Volk?
Ist er nicht dein Vater und dein Herr?
Ist's nicht er allein,
der dich gemacht und bereitet hat?
Gedenke der vorigen Zeiten
und hab' acht auf die Jahre,
von Geschlecht zu Geschlecht.

Aus 5. Mose 32

Ich singe dir mit Herz und Mund,
Herr, meines Herzens Lust;
ich sing und mach auf Erden kund,
was mir von dir bewußt.

Was sind wir doch? Was haben wir
auf dieser ganzen Erd;
das uns, o Vater, nicht von dir
allein gegeben werd?

Ach Herr, mein Gott, das kommt von dir,
du, du mußt alles tun;
du hältst die Wach an unserer Tür
und läßt uns sicher ruhn.

Er ist dein Schatz, dein Erb und Teil,
dein Glanz und Freudenlicht,
dein Schirm und Schild, dein Hilf und Heil,
schafft Rat und läßt dich nicht.

Hat er dich nicht von Jugend auf
versorget und ernährt?
Wie manches schweren Unglücks Lauf
hat er zurückgekehrt!

Paul Gerhardt

Erlebt

Ich will den Herrn loben allezeit;
sein Lob soll immerdar in meinem Munde sein.
Meine Seele soll sich rühmen des Herrn,
daß es die Elenden hören und sich freuen.
Preiset mit mir den Herrn
und laßt uns miteinander seinen Namen erhöhen!
Als ich den Herrn suchte,
antwortete er mir
und errettete mich aus aller meiner Furcht.
Die auf ihn sehen,
werden strahlen vor Freude,
und ihr Angesicht soll nicht schamrot werden.
Als einer im Elend rief,
hörte der Herr
und half ihm aus allen seinen Nöten.
Der Engel des Herrn lagert sich um die her,
die ihn fürchten,
und hilft ihnen heraus.
Schmecket und sehet, wie freundlich der Herr ist.
Wohl dem, der auf ihn traut!

Aus Psalm 34

Singen aus Herzenslust

Die fröhlichen Lieder sind verstummt. Wer singt denn noch? Was man hört, sind die jammernden Klagelieder. Verstehen kann man es zu gut. Bittere Enttäuschungen müssen verkraftet sein. Das schließt den Mund zu.

Darum wird oft auch bei den Christen heute so wenig gesungen. Mit großem Ernst spricht man von den wichtigen Aufgaben, die heute bewältigt sein wollen. Die Pflicht wird stark herausgestellt. Und wo die Peitsche des Gesetzes geschwungen wird, da paßt das Singen wirklich nicht hin. Man muß schon in der Bibel nachschlagen, wie einst die schönsten Danklieder entstanden sind. Nicht die Starken haben sie gesungen. Es waren keine Lieder der Arbeit, um anzuspornen.

Schwache haben sie angestimmt, als sie am Ende mit ihrer Kraft waren. In der Stunde der Verzweiflung – ohne Hoffnung. Als sie aufgeben wollten, erlebten sie, wie Gott sich zu ihnen neigte. Er gab nicht auf, sondern führte sie heraus aus der Angst. So freundlich ist Gott! Da machten sie ihren Mund weit auf. Sie sangen voller Freude in die traurige Welt hinein: »Ich will dem Herrn singen, denn er hat eine herrliche Tat getan!«

Damit ist auch schon gesagt, für wen die Lieder gesungen werden: für die Verzweifelten. »Ich will den Herrn rühmen«, sagte einst David, »daß es die Elenden hören und sich freuen.«

Was sie erlebten, trug ganz deutlich Gottes Handschrift. Sein unbegreifliches Erbarmen konnte gefühlt, ja gesehen werden. Das ihm zur Ehre gesungene Lied sollen jetzt alle hören, die aufgeben wollen, weil sie nicht an Gott glauben können.

Auch im Rückblick auf das eigene Leben kennt wohl jeder solche Stunden, wo er dies erlebt und erkannt hat. Das kann oft so überraschend geschehen sein, daß bloß beim Drandenken Tränen der Bewegung in unsere Augen treten.

Die Israeliten haben damals ihren größten Lobgesang mitten in der trostlos heißen Wüste angestimmt. Sie waren eben geflohen aus den Zwangsarbeitslagern Ägyptens. Und nun standen sie am Ufer des Meeres. Sie sangen nicht allein mit dem Mund. Ihr ganzes Herz jubelte mit. Bewegt dankten sie Gott für das erfahrene Wunder. Aus den unheimlichen Fluten des Meeres hatte sie Gott gerettet. Trockenen Fußes hatte er sie hindurchgeführt. Jetzt können sie nicht mehr schweigen. Sie müssen von dem reden, was Gott ihnen getan hat.

Richtig singen kann wohl nur der, dem Gottes Güte übermächtig wurde und der staunend Gott danken muß. In großer Not werden die schönsten Danklieder gesungen. Vielleicht kommt das davon, daß in der Tiefe die Baßtöne am schönsten mitklingen und den richtigen Grund zum harmonischen Klang geben.

Es kann viele Wunder geben, über denen man Gottes Güte preist. Doch das größte Wunder bleibt, daß Gott sich zu gottlosen und sündigen Menschen herunterbeugt und ihnen seine ganze Liebe schenkt. Das geht so weit, daß er das Verhältnis zwischen ihm und uns ganz neu macht. Er deckt mit seiner Vergebung alles zu, was nicht recht war. Dieses Wunder seiner Liebe stellt alles andere in den Schatten. Gott zieht uns zu sich. Er will, daß wir seine Kinder sind, die von seiner Güte behütet und bewahrt sind.

So sangen einst die Apostel Paulus und Silas in einer dunklen Gefängniszelle. Man hatte sie brutal gefoltert und übel zugerichtet. Als dann die Nacht anbrach, waren sie allein mit ihren schmerzenden Körpern. Doch die beiden sangen.

Wie war das möglich?

Sie wußten, daß Jesus bei ihnen war. Aus seiner Hand konnte sie niemand reißen. Kein Schmerz. Kein Unrecht. Keine Beschuldigung. Kein Tod.

Darum mußten sie singen – aus Freude. Und alle Inhaftierten konnten diese Lieder hören und wurden gestärkt.

Ich denke heute oft, daß unsere Welt mit ihrer verbreiteten Hoffnungslosigkeit das Singen der Christen braucht. Auch wenn manchmal der Hals wie zugeschnürt erscheint – wir müssen nur auf Jesus schauen. Das läßt uns frei singen und danken für seine Liebe, die ein Leben lang erfahren werden kann. Und das kommt dann aus der Tiefe des Herzens, bewegt und voll Freude.

Gott hat uns herausgeführt

Jauchzt Gott, alle Lande!
Lobsingt zur Ehre seines Namens;
rühmt ihn herrlich!
Sprecht zu Gott:
Wie wunderbar sind deine Werke!
Lobt, ihr Völker, unsern Gott,
laßt seinen Ruhm weit erschallen,
der unsre Seelen am Leben erhält
und läßt unsre Füße nicht gleiten.
Denn, Gott, du hast uns geprüft und geläutert,
wie das Silber geläutert wird;
du hast uns in den Turm werfen lassen,
du hast auf unsern Rücken eine Last gelegt,
du hast Menschen über unser Haupt kommen lassen,
wir sind in Feuer und Wasser geraten.
Aber du hast uns herausgeführt und uns erquickt.
Gelobt sei Gott,
der mein Gebet nicht verwirft
noch seine Güte von mir wendet.

                                    Aus Psalm 66

Sollt ich meinem Gott nicht singen?
Sollt ich ihm nicht dankbar sein?
Denn ich seh in allen Dingen,
wie so gut er's mit mir meint.
Ist's doch nichts als lauter Lieben,

das sein treues Herze regt,
das ohn Ende hebt und trägt,
die in seinem Dienst sich üben.
Alles Ding währt seine Zeit,
Gottes Lieb in Ewigkeit.

Wenn ich schlafe, wacht sein Sorgen
und ermuntert mein Gemüt,
das ich alle liebe Morgen
schaue neue Lieb und Güt.
Wäre mein Gott nicht gewesen,
hätte mich sein Angesicht
nicht geleitet, wär ich nicht
aus so mancher Angst genesen.
Alles Ding währt seine Zeit,
Gottes Lieb in Ewigkeit.

Weil denn weder Ziel noch Ende
sich in Gottes Liebe findt,
ei so heb ich meine Hände
zu dir, Vater, als dein Kind.
Bitte, wollst mir Gnade geben,
dich aus aller meiner Macht,
zu umfangen Tag und Nacht
hier in meinem ganzen Leben,
bis ich dich nach dieser Zeit
lob und lieb in Ewigkeit.

Paul Gerhardt

Wenn die Tage kürzer werden

Alt werden wollen alle,
alt sein niemand.
Auch für mich ist es neu,
an dieser Schwelle zu stehen
und diesen Tag zu feiern.
Verstehen kann ich gut,
daß manche sich vor ihrem Geburtstag fürchten.
Ich wollte es auch oft leugnen,
daß ich den größten Teil meines Lebens
schon verbraucht, ausgelebt habe.
Doch bisher dachte ich kaum daran –
es ging zu schnell.
Wann hätte man zur Besinnung kommen können?
Die Liedzeile geht mir nicht aus dem Kopf:
»Ich wäre ja so gerne noch geblieben,
aber der Wagen, der rollt!«
Was morgen kommt,
weiß ich nicht.
Nur sorgen will ich mich nicht,
auch wenn die Zukunft ganz im Dunkel liegt.
Im Nebel vor mir
sehe ich nur wenige Schritte den Weg.
Da will ich ganz gelassen
den morgigen Tag in Gottes Hand legen.
Dir, Herr, gehört alle Zeit,
auch dieser Tag heute
und alle kommenden Tage bis in Ewigkeit.
Und du sprichst heute zu mir.

Deine Worte machen mein Leben weit,
sie sprengen alle Mauern auf,
die mich einengen.
Deine Hand will ich fassen
und mich still von dir führen lassen.
Du weißt den Weg für mich,
das ist genug.
Du bahnst Wege – auch in der Wüste.
Welche dunklen Täler auch vor mir liegen,
du wirst mich behüten und bewahren,
du treuer Gott!

Tausend Jahre wie ein Tag

Herr, deine Jahre währen für und für.
Du hast vorzeiten die Erde gegründet,
und die Himmel sind deiner Hände Werk.
Sie werden vergehn,
du aber bleibst;
sie werden alle veralten wie ein Gewand.
Wie ein Kleid wirst du sie wechseln,
und sie werden verwandelt werden.
Du aber bleibst, wie du bist,
und deine Jahre nehmen kein Ende.

Aus Psalm 102

Das macht dein Zorn, Herr,
daß wir so vergehen,
und dein Grimm,
daß wir so plötzlich dahinmüssen.
Denn unsre Missetaten stellst du vor dich,
unsere unerkannte Sünde ins Licht
vor deinem Angesicht.
Darum fahren alle unsre Tage dahin durch deinen Zorn;
wir bringen unsre Jahre zu wie ein Geschwätz.
Unser Leben währet siebzig Jahre,
und wenn's hoch kommt,
so sind es achtzig Jahre.
Und was daran köstlich scheint,
ist doch nur vergebliche Mühe;
denn es fährt schnell dahin,
als flögen wir davon.

Aus Psalm 90

Von einem Jahr zum andern

Nun laßt uns gehn und treten
mit Singen und mit Beten
zum Herrn, der unserm Leben
bis hierher Kraft gegeben.

Wir gehn dahin und wandern
von einem Jahr zum andern,
wir leben und gedeihen
vom alten bis zum neuen

durch so viel Angst und Plagen,
durch Zittern und durch Zagen,
durch Krieg und große Schrecken,
die alle Welt bedecken.

Denn wie von treuen Müttern
in schweren Ungewittern
die Kindlein hier auf Erden
mit Fleiß bewahret werden,

also auch und nicht minder
läßt Gott sich seine Kinder,
wenn Not und Trübsal blitzen,
in seinem Schoße sitzen.

Ach Hüter unsres Lebens,
fürwahr, es ist vergebens
mit unserem Tun und Machen,
wo nicht deine Augen wachen.

Gelobt sei deine Treue,
die alle Morgen neue;
Lob sei den starken Händen,
die alles Herzleid wenden!

Paul Gerhardt

Im Flug der Zeiten

Geburtstage sind nicht nur fröhliche Feste. Sie haben auch etwas Schwermütiges an sich. Die Zeit verfliegt. Wie kann ich richtig nutzen, was mir noch bleibt?

Nur wenige verstehen das. Die Jugend wird verklärt und überschätzt, das Alter verdrängt und verkannt. So kommt es, daß Ältere sich zuweilen jung zurechtmachen wollen. Sie sind auf der Flucht vor ihrem eigenen Lebensweg und wollen es selbst nicht wahrhaben, daß sie die Mitte ihres Lebens längst überschritten haben. Hinter diesem krampfhaften Versuch, jung zu erscheinen, könnte eine verzweifelte Angst vor dem Vergänglichen des Lebens stehen.

Es muß entsetzlich sein, wenn man nicht im Glauben über die sichtbaren Grenzen dieser vergehenden Welt schauen kann. Auch hinter unserem Altwerden steht Gottes Plan. Er will uns reifen lassen für neue Aufgaben, die vor uns stehen. Gott hat immer eine Zukunft für uns, die größer, schöner und weiter ist, als wir verstehen.

Je stärker dieses innere Schauen im Glauben reift, desto bereiter kann man sich in die Zeit schicken und auch die Grenzen der Kraft erkennen. Es ist schwer genug, langsam abzubauen und sich genügen zu lassen.

Das beginnt nicht erst bei der Pensionsgrenze. Auch nicht bei der Übersiedlung ins Altenheim. Obwohl manche es erst da erkennen oder in schwerer Krankheit. Schon mitten im Gedränge des geschäftigen Arbeitslebens kann uns die Angst überfallen: Wieviel Jahre bleiben noch? Und in diesem Wort »noch« liegt alle Wehmut.

Das hat schon manche panisch ins fanatische Schaffen getrieben. Verbissen flüchten sie in die Arbeit. Die vergehende Zeit hat sie erschreckt. Sie erkennen, wie ihr Leben vorbeihuscht. Darum wollen sie unbedingt etwas Fertiges, Bleibendes hinstellen.

Wechseljahre sind nicht nur im Leben der Frauen kritische Jahre. Bei den Männern ist das nicht viel anders. Auch sie werden gezwungen, aufzugeben und nachzulassen. Eigentlich sind dauernd Wechseljahre. Wir müssen uns auf neue Aufgaben einstellen, die Kinder gehen aus dem Haus, oder im Beruf gibt es Umstellungen usw. Immer wieder endet ein alter und beginnt ein neuer Lebensabschnitt.

»Hilf du uns durch die Zeiten und mache fest das Herz!« heißt es in einem Lied. Es ist so schwierig, die wechselnden und sich verändernden Jahre zu bewältigen. Das Wort Gottes zeigt, wie unser unruhiges und ängstliches Herz fest werden kann unter der bergenden Güte Gottes. Wenn die Winterstürme durch die Wälder fegen, werden die Baumkronen gerüttelt und geschüttelt. Morsche Äste brechen herunter. Die Bäume beugen sich tief unter dem Druck des Windes. Doch wer unten am Stamm steht und seine Hand dort hinhält, spürt davon wenig. Der Stamm steht fest. Da wackelt nichts mehr. Er ist tief in den Boden eingewurzelt, auch wenn alle verdorrten Blätter längst davongeweht sind. Auch wenn der Wind an den Ästen zerrt, der Stamm wackelt nicht.

Das Wort steht in der Bibel: »Es ist eine kostbare Sache, wenn das Herz fest wird. Dies geschieht durch Gnade« (Hebr. 13, 9).

In den unruhigen Zeiten, durch die Menschen heute

gehen, soll das Herz fest werden. Das unruhige Herz ist typisch für Menschen von heute, die noch nicht heimgefunden haben zum Frieden Gottes, der sie beschirmt. Wo aber das Herz fest geworden ist, da weicht die Angst.

Im Herzen fühlt ein Mensch. Da erwachen die heißen Sehnsüchte. Da bedrücken auch Enttäuschungen. Im Herzen werden Hoffnungen wach. Ehrverletzungen werden gefühlt. Das gibt einen Stich im Herzen, wenn andere uns verletzen und uns weh tun. Im Herzen wird Liebe empfunden. Und wo diese Liebe fehlt, bleibt das Herz leer.

Dieses Herz will Gott fest machen im Flug der Zeiten. Dies kann bei denen geschehen, die im Glauben Jesus Christus vertrauen – gestern, heute und derselbe auch in alle Ewigkeit.

Jesus Christus wandelt sich nicht. Er ist derselbe wie einst, als er im schwankenden Boot die tobenden Wellen zum Schweigen brachte. Und er hat seine Freunde nur gefragt: »O ihr Kleingläubigen! Warum seid ihr so furchtsam?«

Darum hat er auch für sie gebetet, als sie ihn treulos verließen, damit ihr Glaube nicht aufhört.

Mit Jesus kann man auch durch sehr unruhige Zeiten gehen. Er schafft Frieden mitten in einer unruhigen Welt, weil seine starke Hand uns hält.

Auch wenn wir liebe Menschen um uns her verlieren. Auch wenn wir durch völlige Dunkelheit gehen. Unser Herz muß dennoch fest sein. Das erlebt, wer Jesus vertraut. Er hat fest versprochen, die zu erleuchten, die ihm nachfolgen, mitten in der Finsternis, die sie umgeben mag. Auch wenn Stürme um uns blasen, so macht Jesus uns doch fest im Glauben an ihn. Seine Gnade trägt uns.

Er will uns in seiner Liebe behüten und bewahren, auch im Flug der Zeiten. Und wenn wir bei ihm bleiben in der Treue, wird das Herz gegründet sein über die wechselnde Zeit hinaus in der Ewigkeit Gottes.

Hindurchgetragen

Hört mir zu,
die ihr von mir getragen werdet von Mutterleib an
und vom Mutterschoß an mir aufgeladen seid:
Auch bis in euer Alter bin ich derselbe,
und ich will euch tragen,
bis ihr grau werdet.
Ich habe es getan;
ich will heben, tragen und erretten.

Aus Jesaja 46

Ach ja, wenn ich überlege,
mit was Lieb und Gütigkeit
du durch so viel Wunderwege
mich geführt die Lebenszeit,
so weiß ich kein Ziel zu finden
noch den Grund hier zu ergründen.
Tausend-, tausendmal sei dir,
großer König, Dank dafür!

Bald mit Lieben, bald mit Leiden
kamst du, Herr, mein Gott, zu mir,
nur mein Herze zu bereiten,
ganz sich zu ergeben dir,
daß mein gänzliches Verlangen
möcht an deinem Willen hangen.
Tausend-, tausendmal sei dir,
großer König, Dank dafür!

Mich hast du auf Adlersflügeln
oft getragen väterlich,
in den Tälern, auf den Hügeln
wunderbar errettet mich.
Schien mir alles zu zerrinnen,
ward doch deiner Hilf ich innen.
Tausend-, tausendmal sei dir,
großer König, Dank dafür!

Tausendmal sei dir gesungen,
Herr, mein Gott, Preis, Lob und Dank,
daß es mir bisher gelungen.
Ach laß meines Lebens Gang
ferner noch durch Jesu Leiten
nur gehn in die Ewigkeiten;
da will ich, Herr, für und für
ewig, ewig danken dir.

Ludwig Andreas Gotter

Unterwegs

Ich hebe meine Augen auf zu den Bergen.
Woher kommt mir Hilfe?
Meine Hilfe kommt vom Herrn,
der Himmel und Erde gemacht hat.
Er wird deinen Fuß nicht gleiten lassen,
und der dich behütet, schläft nicht.
Siehe, der Hüter Israels
schläft und schlummert nicht.
Der Herr behütet dich;
der Herr ist dein Schatten über deiner rechten Hand,
daß dich des Tages die Sonne nicht steche
noch der Mond des Nachts.
Der Herr behüte dich vor allem Übel,
er behüte deine Seele.
Der Herr behüte deinen Ausgang und Eingang
von nun an bis in Ewigkeit!

Aus Psalm 121

Jesu, geh voran
auf der Lebensbahn!
Und wir wollen nicht verweilen,
dir getreulich nachzueilen;
führ uns an der Hand
bis ins Vaterland.

Soll's uns hart ergehn,

laß uns feste stehn
und auch in den schwersten Tagen
niemals über Lasten klagen;
denn durch Trübsal hier
geht der Weg zu dir.

Ordne unsern Gang,
Jesu, lebenslang.
Führst du uns durch rauhe Wege,
gib uns auch die nötge Pflege;
tu uns nach dem Lauf
deine Türe auf.

Nikolaus Ludwig Graf von Zinzendorf

Ein neuer Lebensabschnitt

Auch wenn die Tage kürzer werden,
so haben sie doch ihre eigene Schönheit.
Es mag vielen schwerfallen,
auf die Seite genommen zu sein,
heraus aus dem lärmenden Betrieb.
Doch Gott hat immer wichtige Aufgaben für uns.
Er schenkt mir in seiner Güte diesen neuen Lebensabschnitt,
den ich nur vor ihm richtig schätzen kann.
Gott will dieses Jahr selbst füllen,
bedeutsam und wichtig machen.
Hoffen und zuversichtlich sein läßt mich,
daß seine Gnade jeden Morgen neu ist
und seine Treue groß.
Gott will jedes Jahr, ja jeden Tag
lohnend und wertvoll machen.
Er will Frucht schaffen,
die bleibt bis in die Ewigkeit.
Darum bitte ich dich, Herr,
segne dieses neue Lebensjahr,
daß es dir zur Ehre gelebt werde.
Danken will ich dir
für das Geschenk jeder Stunde meines Lebens.
Ich bin gespannt,
was ich neu sehen und erleben werde
von deiner Liebe und deiner Freundlichkeit.
Ich will noch mehr entdecken,
wie gut du es mit mir meinst

und wie alle Dinge mir zum Besten dienen müssen.
Staunen kann ich nur,
wie du aus unserem sterblichen Leben
so Großes erwartest und schaffst.
Herr, ich warte auf dein Heil,
das du schenkst auch in diesem neuen Jahr.
Deine gnädige Durchhilfe will ich erfahren
in den Spannungen des Tages,
damit du wirken kannst,
was dein Reich mitten unter uns baut.
Rede, Herr,
dein Knecht hört.

Gefüllte Jahre

Der Gerechte wird grünen wie ein Palmenbaum,
er wird wachsen wie eine Zeder auf dem Libanon.
Die gepflanzt sind im Hause des Herrn,
werden in den Vorhöfen unseres Gottes grünen.
Und wenn sie auch alt werden,
werden sie dennoch blühen,
fruchtbar und frisch sein,
daß sie verkündigen,
wie der Herr es recht macht;
er ist mein Fels,
und kein Unrecht ist an ihm.

Aus Psalm 92

Ich selber kann und mag nicht ruhn,
des großen Gottes großes Tun
erweckt mir alle Sinnen;
ich singe mit, wenn alles singt,
und lasse, was dem Höchsten klingt,
aus meinem Herzen rinnen.

Hilf mir und segne meinen Geist
mit Segen, der vom Himmel fließt,
daß ich dir stetig blühe;
gib, daß der Sommer deiner Gnad
in meiner Seele früh und spät
viel Glaubensfrucht erziehe.

Mach in mir deinem Geiste Raum,
daß ich dir werd ein guter Baum,
und laß mich Wurzel treiben;
verleihe, daß zu deinem Ruhm
ich deines Gartens schöne Blum
und Pflanze möge bleiben.

Erwähle mich zum Paradeis
und laß mich bis zur letzten Reis
an Leib und Seele grünen:
so will ich dir und deiner Ehr
allein und sonsten keinem mehr
hier und dort ewig dienen.

                                        Paul Gerhardt

Alles aus Gottes Hand

Von dir, o Vater, nimmt mein Herz
Glück, Unglück, Freuden oder Schmerz,
von dir, der nichts als lieben kann,
voll Dank und voll Vertrauen an.

Wie oft, Herr, zagt ich, und wie oft
half deine Hand mir unverhofft!
Den Abend weint ich, und darauf
ging mir ein froher Morgen auf.

Oft sah ich keinen Ausgang mehr;
da weint ich laut und klagte sehr:
Ach schaust du, Gott, mein Elend nicht?
Verbirgst du gar dein Angesicht?

Dann hörtest du, o Herr, mein Flehn
und eiltest, bald mir beizustehn;
du öffnetest mein Auge mir,
ich sah mein Glück und dankte dir.

Die Stunde kommt früh oder spät,
wo Dank und Freud aus Leid entsteht;
vielleicht daß, eh du ausgeweint,
dir Gott mit seiner Hilf erscheint.

Johann Kaspar Lavater

Kurz, aber intensiv gelebt

Wer über die Autobahn bei Düsseldorf fährt, dem fällt das Schild auf, das dort an der Brücke steht: Neandertal. Wer denkt da nicht an den alten Schädel mit der schräg zurückfallenden Stirn, dem großen Gebiß und den markanten Augenwülsten, der vor über 100 Jahren dort im Kalkstein einer Höhle ausgegraben wurde.

Nur wenige werden wissen, daß der Name des Tales auf den Rektor der Düsseldorfer Lateinschule, Joachim Neander, zurückgeht. In diesem Tal hat er vor über 300 Jahren seine Lieder gedichtet.

Es war schon ein besonderes Leben, das Joachim Neander führte. Er wurde nur 30 Jahre alt. Doch diese kurze Spanne füllte er mit Liedern der Freude an Gottes Schöpfung und des Gotteslobs. Wer kennt nicht sein Lied »Lobe den Herren, den mächtigen König der Ehren«?

Dieses strahlende Lied des Dankes steht in einem eigentümlichen Gegensatz zu den Schwierigkeiten, mit denen Neander zu kämpfen hatte. Beruflich hat er es, wenn man so will, eigentlich nie richtig zu etwas gebracht. In Düsseldorf nahmen die Leute dem Schulrektor seine bekennende Glaubenseinstellung übel. Weil er Bibelhauskreise gründete, drohten sie ihm die Entlassung aus dem Schuldienst an. Er aber sang bei seinen Spaziergängen in dem lieblichen Tal seine Lieder der Freude und des Dankes:

> »Lob, Preis und Dank sei dir, mein Gott, gesungen;
> dir sei die Ehr, daß alles wohl gelungen

nach deinem Rat, ob ich's gleich nicht versteh;
du bist gerecht, es gehe, wie es geh.«

Endlich erfüllte sich sein Lebenstraum. Als Hilfsprediger
wurde er nach Bremen gerufen. Dort durfte er lediglich
die Gottesdienste morgens um 5 Uhr in der Frühe halten.
Und als er schon nach einem Jahr an der Pest starb, hatte
sein Wirken keinen großen Einfluß gehabt, an den
üblichen Maßstäben gemessen.
Doch das Besondere dieses Joachim Neander lag in
seiner Glaubensbindung an Jesus. Als Jugendlicher war
er darauf gestoßen. Er hatte einen Gottesdienst in seiner
Heimatstadt Bremen besucht, um sich über den Prediger
zu amüsieren. Doch das Wort Gottes traf ihn. Eine
völlige Umkehr zum lebendigen Gott hin veränderte sein
Leben grundlegend. Er hatte den Wahlspruch: »Ich will
mich lieber zu Tode hoffen, als durch Unglauben zu-
grunde gehen.«
So war das kurze Leben des Joachim Neander gar nicht
so arm, wie es äußerlich erscheinen mag. Er lebte nur
wenige Jahre, dafür um so intensiver. Nicht mit jener
Verbissenheit, mit der man dem vergänglichen Leben
noch etwas Bleibendes abringen will, sondern mit jener
reifen Abgeklärtheit des Glaubens, die hier schon in der
Welt Frucht bringt, die bleibt bis in die Ewigkeit.
So singt er in einem seiner Lieder:

»Dieser Zeiten Eitelkeiten,
Reichtum, Wollust, Ehr und Freud,
sind nur Schmerzen
meinem Herzen,
welches sucht die Ewigkeit.
Laß dich finden, laß dich finden;
großer Gott, ich bin bereit.«

Gottes Treue ist groß

Herr, ich traue auf dich,
laß mich nimmermehr zuschanden werden!
Du bist meine Zuversicht,
Herr, mein Gott,
meine Hoffnung von meiner Jugend an.
Ich bin für viele wie ein Zeichen;
aber du bist meine starke Zuversicht.
Laß meinen Mund deines Ruhmes
und deines Preises voll sein täglich.
Verwirf mich nicht in meinem Alter,
verlaß mich nicht,
wenn ich schwach werde.
Mein Mund soll verkündigen deine Gerechtigkeit,
täglich deine Wohltaten,
die ich nicht zählen kann.
Ich gehe einher in der Kraft des Herrn.
Ich preise deine Gerechtigkeit allein.
Gott, du hast mich von Jugend auf gelehrt,
und noch jetzt verkündige ich deine Wunder.
Auch im Alter, Gott, verlaß mich nicht,
und wenn ich grau werde,
bis ich deine Macht verkündige Kindeskindern
und deine Kraft allen, die noch kommen sollen.

Aus Psalm 71

Bis hierher hat mich Gott gebracht
durch seine große Güte,
bis hierher hat er Tag und Nacht
bewahrt Herz und Gemüte,
bis hierher hat er mich geleit,
bis hierher hat er mich erfreut,
bis hierher mir geholfen.

Hab Lob und Ehr, hab Preis und Dank
für die bisher'ge Treue,
die du, o Gott, mir lebenslang
bewiesen täglich neue.
In mein Gedächtnis schreib ich an:
Der Herr hat Großes mir getan,
bis hierher mir geholfen.

Hilf fernerweit, mein treuster Hort,
hilf mir zu allen Stunden,
hilf mir an all und jedem Ort,
hilf mir durch Jesu Wunden;
damit sag ich bis in den Tod:
Durch Christi Blut hilft mir mein Gott;
er hilft, wie er geholfen.

Ämilie Juliane Gräfin von Schwarzburg-Rudolstadt

Da nahm Samuel einen Stein und stellte ihn auf und
nannte ihn »Eben-Ezer« und sprach: Bis hierher hat uns
der Herr geholfen.

1. Samuel 7, 12

Wer überströmet mich mit Segen?
Bist du es nicht, o reicher Gott?
Wer schützet mich auf meinen Wegen?
Du bist es, Herr Gott Zebaoth.
Du trägst mit meiner Sündenschuld
unsäglich gnädige Geduld.

Ich habe ja mein Lebetage
es schon so manches Mal gespürt,
daß du mich unter vieler Plage
getreulich hast hindurchgeführt.
Denn in der größesten Gefahr
ward ich dein Trostlicht stets gewahr.

Wie sollt ich nun nicht voller Freuden
in deinem steten Lobe stehn?
Wie sollt ich auch im tiefsten Leiden
nicht triumphierend einhergehn?
Und fiele auch der Himmel ein,
so will ich doch nicht traurig sein.

Johann Mentzer

Erinnerungen

Oft ertappe ich mich,
wie die Gedanken zurückschweifen
in längst vergangene Zeiten.
Je einsamer ich werde,
desto näher erscheinen mir
längst vorübergezogene Tage der Kinderzeit,
von der Sonne in ein unwirkliches Licht getaucht.
Glückliche, unbeschwerte Tage!
Doch nicht nur lichte Erinnerungen tauchen auf,
oft auch traurige, trübe, schwermütige.
Wie unheimliche Gespenster
kommen schwere Gedanken über mich
und verbreiten Erschrecken.
Böses war geschehen,
niemand kann es je ungeschehen machen.
Verfehlungen klagen an.
Worte, einst zu Mutter oder Vater gesprochen,
stehen jetzt plötzlich wieder im Raum,
anklagend.
Niemand kann es heute bereinigen.
Schuld und Versäumnisse klagen an,
halten Tatsachen vor Augen,
daß keiner entweichen kann.
Herr Jesus Christus,
da will ich vor dich treten.
Du bist unsere Zuflucht.
Du bist nahe denen, die zerbrochenen Herzens sind,
und hilfst denen,

die ein zerschlagenes Gemüt haben.
Du hast dein Leben für eine Erlösung gegeben,
die von aller Schuld frei macht.
Du machst den gerecht,
der an dich glaubt.
Vor dir will ich es bekennen,
daß ich übelgetan habe.
Vergib,
was Unrecht war,
und heile mich durch deine Vergebung.
Durch deine Wunden bin ich geheilt.
In deinem Sterben für mich am Kreuz habe ich Frieden,
und ich darf dir glauben,
daß du für mich alles getragen hast.
Vor dir darf ich neu leben
und mich freuen,
weil du mich liebst.
Niemand darf heute mehr
die alten Anklagen vorholen,
weil du sie ausgelöscht
und in des Meeres Tiefe versenkt hast.
Danke, Herr Jesus,
daß du mich fröhlich aufblicken läßt,
weil alle Sünden durch deine Vergebung zugedeckt sind.

Vergeben

Wohl dem,
dem die Übertretungen vergeben sind,
dem die Sünde bedeckt ist!
Wohl dem Menschen,
dem der Herr die Schuld nicht zurechnet,
in dessen Geist kein Trug ist!
Denn als ich es wollte verschweigen,
verschmachteten meine Gebeine durch mein tägliches
   Klagen.
Denn deine Hand lag Tag und Nacht schwer auf mir,
daß mein Mund vertrocknete,
wie es im Sommer dürre wird.
Darum bekannte ich dir meine Sünde,
und meine Schuld verhehlte ich nicht.
Ich sprach:
»Ich will dem Herrn meine Übertretungen bekennen.«
Da vergabst du mir die Schuld meiner Sünde.
Deshalb werden alle Heiligen zu dir beten
zur Zeit der Angst.
Darum, wenn große Wasserfluten kommen,
werden sie nicht an sie gelangen.
Du bist mein Schirm,
du wirst mich vor Angst behüten,
daß ich errettet gar fröhlich rühmen kann.

Aus Psalm 32

Mir ist Erbarmung widerfahren,
Erbarmung, deren ich nicht wert!
Das zähl ich zu dem Wunderbaren;
mein stolzes Herz hat's nie begehrt.
Nun weiß ich das und bin erfreut
und rühme die Barmherzigkeit.

Das muß ich dir, mein Gott, bekennen,
das rühm ich, wenn ein Mensch mich fragt;
ich kann es nur Erbarmung nennen,
so ist mein ganzes Herz gesagt.
Ich beuge mich und bin erfreut
und rühme die Barmherzigkeit.

Philipp Friedrich Hiller

Welch ein Herr!

Meine Seele erhebt den Herrn,
und mein Geist freut sich über Gott, meinen Heiland;
denn er hat seine Magd in ihrer Niedrigkeit angesehen.
Siehe, von nun an
werden mich alle Geschlechter seligpreisen.
Denn er hat Großes an mir getan,
der mächtig ist
und dessen Name heilig ist.
Und seine Barmherzigkeit währt
von Geschlecht zu Geschlecht
bei denen, die seinen Namen fürchten.
Er vollbringt machtvolle Taten mit seinem Arm
und zerstreut alle,
die in ihrem Herzen hochmütig sind.
Er stößt die Machthaber vom Thron
und erhebt die Niedrigen.
Die Hungernden sättigt er mit Gutem
und läßt die Reichen leer ausgehen.
Er denkt an seine Barmherzigkeit
und nimmt sich seines Dieners Israel an,
wie er es unsern Vätern zugesagt hat,
Abraham und seinen Nachkommen in Ewigkeit.

Aus dem Lobgesang der Maria nach Lukas 1

Den Dank einfach vergessen?

Wem ist das mit dem Schirm noch nicht passiert? Schuld daran war der Regen, der plötzlich aufhörte. Jetzt, wo draußen wieder die Sonne scheint, denkt man nicht mehr an den Schirm, den man nur kurz in die Ecke stellte. Erst wenn sich erneut dunkle Wolken am Himmel zusammenziehen, fällt einem plötzlich wieder ein: Wo ist mein Schirm?

Auch den Dank vor dem ewigen Gott kann man vergessen. Verständlich ist dies schon. Wir sind ja sehr unzuverlässige Leute. Was hat man nicht alles in seinem Kopf! Doch darin steckt auch schon das ganze Übel. Kann man die machtvollen Liebestaten Gottes so rasch vergessen, kaum sind sie vorüber? Daß wir viele wichtige Aufgaben in der Welt heute zu erledigen haben, kann doch nicht plötzlich alle großen Erfahrungen der Nähe und Gegenwart Gottes in das Meer des Unbewußten versinken lassen.

Aber das ist tatsächlich der Grund unserer Undankbarkeit. Ein kurzer Stimmungsumschwung, ein paar neue Erlebnisse – und der Dank verstummt. Er ist vergessen. Davon kommt viel Unheil im Leben der geplagten und überforderten Zeitgenossen heute. Wie sollen sie auch mit den Nöten und Leiden fertig werden, wenn so plötzlich der Dank und mit ihm alle Erinnerung an Gottes Liebe und Größe aus ihrem Gedächtnis verschwunden sind.

Der undankbare Mensch lebt sehr arm. Er kann von viel Schwerem erzählen, das ihn getroffen hat. Doch die freundliche Hand Gottes, die auch er vielfach hautnah erlebt hat, schob er schon lange von sich weg. Mit dem versäumten Dank hat er Gottes Liebe und seine Nähe von sich gewiesen.

Ob das wirklich nur eine Oberflächlichkeit ist? Soll man es Gleichgültigkeit nennen? Oder ist es Gedankenlosigkeit? Der Schaden ist groß. Das Herz bleibt kalt und leer. Und der Glaube tastet im dunkeln, weiß nichts mehr, an das er sich halten könnte.

Da hilft es nicht weiter, wenn manche sich zum Danken zwingen. Auch dies wird letztlich den Dank nur zerstören. Dank will aus der Freude reden und frei handeln. Ist doch der Dank nicht nur das Wort, sondern auch die fröhliche und freigebige Tat, die weitergeben will von der großen Fülle, die man selbst empfangen hat.

Der Dank muß aus der Tiefe des Herzens kommen. Es ist des Menschen ureigenstes und innerstes Reden. Da, wo einer Gott dankt, greift er seine gnädige Hand.

Darum steht, wer danken kann, immer im Licht Gottes. Er hat teil am Leben und an der Freude. Auch wenn lauter Finsternis ihn umgeben mag, ihm scheint das helle Licht, das Jesus Christus in diese Welt hineingebracht hat. Er ist nahe dem, der auf ihn traut.

»Wo sind aber die neun?«

Auf seinem Weg nach Jerusalem zog Jesus mitten durch Samarien und Galiläa. Und als er in ein Dorf kam, begegneten ihm zehn aussätzige Männer; die blieben etwas entfernt stehen und riefen: »Jesus, lieber Meister, erbarme dich über uns!«

Als Jesus sie sah, sagte er zu ihnen: »Geht und zeigt euch den Priestern!« Und während sie hingingen, wurden sie rein.

Einer aber von ihnen kehrte um, als er sah, daß er gesund geworden war, und pries Gott mit lauter Stimme, fiel Jesus zu Füßen und dankte ihm. Und das war ein Samariter.

Jesus aber fragte: »Sind nicht alle zehn rein geworden? Wo sind aber die neun? Hat sich sonst keiner gefunden, der wieder umkehrt und Gott die Ehre gibt als nur dieser Fremde?«

Und er sagte zu ihm: »Steh auf, geh hin; dein Glaube hat dir geholfen.«

Aus Lukas 17

Lobe den Herren, der alles so herrlich regieret,
der dich auf Adelers Fittichen sicher geführet,

der dich erhält, wie es dir selber gefällt;
hast du nicht dieses verspüret?

Lobe den Herren, der künstlich und fein dich bereitet,
der dir Gesundheit verliehen, dich freundlich geleitet.
In wieviel Not hat nicht der gnädige Gott
über dir Flügel gebreitet?

Lobe den Herren, der deinen Stand sichtbar gesegnet,
der aus dem Himmel mit Strömen der Liebe geregnet.
Denke daran, was der Allmächtige kann,
der dir mit Liebe begegnet.

Joachim Neander

Dankbarkeit als neuer Lebensstil

So zieht nun an als die Auserwählten Gottes, als die Heiligen und Geliebten, herzliches Erbarmen, Freundlichkeit, Demut, Sanftmut, Geduld. Ertragt euch und vergebt einander, wenn einer gegen den andern eine Klage hat; wie der Herr euch vergeben hat, so vergebt auch ihr.

Vor allem aber zieht die Liebe an, die das Band der Vollkommenheit ist. Der Friede Christi, zu dem ihr auch berufen seid in einem Leibe, regiere in euren Herzen, und seid dankbar.

Laßt das Wort Christi reichlich unter euch wohnen: lehrt und ermahnt einander in aller Weisheit mit Psalmen, Lobgesängen und geistlichen Liedern, und singt Gott, in dessen Gnade ihr steht, in euren Herzen.

Und alles, was ihr tut mit Worten oder mit Werken, das tut alles im Namen des Herrn Jesus und dankt Gott, dem Vater, durch ihn.

Aus Kolosser 3

Was kommt morgen?

Geburtstage sind Meilensteine. Sie laden zum Verweilen ein. Die Wegstrecke wird immer eindrucksvoller, die zurückgelegt ist. Doch dann bricht wieder die Frage auf: Wohin geht der Weg eigentlich?

So sind mit den Geburtstagen auch Sorgen um die Zukunft verbunden. Ob im neuen Lebensjahr die Kraft reicht? Ob die Gesundheit wenigstens so weit noch mithält? Oder wird man auf das Helfen anderer angewiesen sein?

Der Weg, der vor uns liegt, führt durch dunkle Nacht. Keiner weiß, durch welche Abgründe und über wie viele Berge wir noch zu klettern haben. Doch das ist noch nicht das Schlimmste.

Ganz komplizierte und folgenreiche Entscheidungen müssen gefällt werden. Von ihnen hängt viel ab. Wie schwer wird oft nur die Überlegung, ob ein Umzug in eine kleinere Wohnung helfen könnte. Wird der Entschluß falsch oder richtig sein?

In der Bibel können wir lesen, daß es den Männern des Glaubens auch nicht anders ging. Die ungewisse Zukunft lag wie eine schwere Last auf ihnen.

Mose hatte Gott vertraut. Er war durch die Fluten des Meeres trockenen Fußes im Glauben hindurchgegangen. Er hatte erlebt, daß Gott nie enttäuscht.

Und doch hatte er am Sinai keinen Mut mehr, weiterzuziehen in das verheißene Land. Ihm machten nicht die Gefahren am Weg angst, sondern das wetterwendische Herz der Leute erschreckte ihn. Eben hatten sie in der

Wüste ein goldenes Kalb als Götzenbild errichtet und waren herumgetanzt. Der Unglaube, die menschliche Sünde erschreckte ihn. Wie sollten da Gottes Wunder erlebt werden können?

»Gib mir einen starken Mann zur Seite!« forderte Mose ungestüm. Doch Gott schlug ihm diese Bitte ab. Auch ließ er den Weg, den er zu gehen hatte, im dunkeln. Nur das versprach Gott: »Mein Angesicht soll vorangehen. Ich will dich zur Ruhe leiten.« Mose hatte die gnädige Zuwendung Gottes gefunden, und er hatte sich ausdrücklich mit Nennung seines Namens zu ihm bekannt. Das machte Mose so zuversichtlich. Darum forderte er mehr von Gottes Nähe zu erfahren: »Laß mich deine Herrlichkeit sehen!« Doch kein Mensch kann mit seinen sterblichen Augen den ewigen Gott erkennen, ohne zu vergehen. So schlug ihm Gott das Sehen ab. Nur das Stehen in seiner Nähe in der Felsenkluft erlaubt ihm Gott. Dort sollte Mose auf dem Fels stehen. Und so sprach Gott: »Wenn dann meine Herrlichkeit vorübergeht, will ich dich in die Felskluft stellen und meine Hand über dir halten, bis ich vorübergegangen bin. Dann will ich meine Hand von dir tun, und du darfst hinter mir her sehen; aber mein Angesicht kann man nicht sehen.«

Die Herrlichkeit Gottes, die uns in der dunklen Nacht entgegenleuchtet, ist die Liebe Jesu. Er überbringt jedem Menschen die angebotene und ausgestreckte Gnade Gottes. Das ist Gottes Schachzug gegen das Überhandnehmen von Sünde und Unglauben. Er opfert seinen Sohn, damit wir Frieden hätten.

Wer diese ausgestreckte Hand Jesu faßt und ihr vertraut, kann fröhlich durch die dunkle Nacht gehn. Nichts kann ihn mehr erschrecken. Was auch morgen kommen mag, Gott ist für uns; wer kann dann noch gegen uns sein?

Gott hatte noch große Pläne mit Mose. Als der aufgeben wollte, hatten die großen Führungen Gottes eben erst begonnen. So haben Glaubende gerade an bedeutsamen Wegabschnitten den Blick auf Gottes gnädige Behütung nötig. Er muß uns erst einmal bewußtmachen, wie sehr wir in allen Stücken getragen sind von seiner Liebe. Und was morgen kommt, das ist seine Sache. Er weiß den Weg für mich. Das ist genug. Dann kann ich ihm getrost folgen. Er wird alles recht machen.

Alles muß zum Besten dienen

Ihr Lieben, wundert euch nicht, daß euch die Versuchung wie ein Feuer bedrängt, als ob euch da etwas Ungewöhnliches widerfahren würde, sondern freut euch, daß ihr mit Christus leidet, damit ihr auch zur Zeit der Offenbarung seiner Herrlichkeit jubeln und euch freuen könnt.

1. Petrus 4, 12–13

Wir wollen euch nicht in Unkenntnis lassen über die Bedrängnis, die uns in der Provinz Asien widerfahren ist, wo wir über die Maßen beschwert waren und über unsere Kraft, so daß wir bereits am Leben verzagten und es bei uns selbst für beschlossen hielten, daß wir sterben müßten.
Das geschah aber, damit wir unser Vertrauen nicht auf uns selbst setzen sollten, sondern auf Gott, der die Toten auferweckt, der uns auch aus solcher Todesnot errettet hat und erretten wird. Auf ihn hoffen wir, daß er uns auch in Zukunft erretten wird.

2. Korinther 1, 8–10

Ob auch der Feind mit großem Trutz
und mancher List will stürmen,
wir haben Ruh und sichern Schutz

durch seines Armes Schirmen.
Wie Gott zu unsern Vätern trat
auf ihr Gebet und Klagen,
wird er, zu Spott dem feigen Rat,
uns durch die Fluten tragen.
Mit ihm wir wollen's wagen.

Er mache uns im Glauben kühn
und in der Liebe reine.
Er lasse Herz und Zunge glühn,
zu wecken die Gemeine.
Und ob auch unser Auge nicht
in seinen Plan mag dringen:
er führt durch Dunkel uns zum Licht,
läßt Schloß und Riegel springen.
Des woll'n wir fröhlich singen!

Friedrich Spitta

Wahre Hoffnung beugt sich nicht

Abraham hat Gott geglaubt, der die Toten lebendig macht und, was nicht ist, ins Dasein ruft. Er hat geglaubt auf Hoffnung, wo nichts zu hoffen ist. Und ohne im Glauben schwach zu werden, sah er auf seinen eigenen Leib, der schon erstorben war, weil er fast hundertjährig war, und auch auf den erstorbenen Leib der Sara. Denn er zweifelte nicht aus Unglauben an der Verheißung Gottes, sondern wurde stark im Glauben und gab Gott die Ehre und war völlig gewiß: was Gott verheißt, das kann er auch tun.

Aus Römer 4

Wir wünschen aber, daß jeder einzelne von euch denselben Eifer zeigt und seine Hoffnung immer gewisser wird bis zum Ende, damit ihr nicht träge werdet, sondern Nachfolger derer, die durch Glauben und Geduld die Verheißung erben. So wartete Abraham in Geduld und erlangte die Verheißung. Darum hat Gott, als er den Erben der Verheißung nachdrücklich beweisen wollte, daß sein Ratschlag unwandelbar ist, sich auch noch mit einem Eid verbürgt. So sollten wir durch zwei unwandelbare Zusagen – denn es ist unmöglich, daß Gott lügt – um so stärkere Ermutigung bekommen, da wir unsere Zuflucht dazu genommen haben, an der angebotenen Hoffnung festzuhalten. Diese haben wir wie einen sicheren und festen Anker für unsere Seele.

Aus Hebräer 6

Hänssler-Bücher:
Zielbewußt im Durcheinander unserer Zeit

Bestell-Nr. 75022
Winrich Scheffbuch
Jesus, Du bist bei mir
TELOS-Tb., 64 Seiten, 9 s/w-Fotos, DM/sfr 2.80

Diese »Gespräche mit Kranken« helfen, die Situation der
Krankheit anzunehmen. Gedanken, Lied- und Bibelverse
weisen hin auf die Geborgenheit in Gott, die tragen und
überwinden hilft.

Bestell-Nr. 75023
Winrich Scheffbuch
Der Tag ist nicht mehr fern
TELOS-Tb., 64 Seiten, 7 s/w-Fotos, DM/sfr 2.80

Ein Buch für jeden, der gerade einen geliebten Menschen
verloren hat. Seine Beiträge sind voller Verständnis,
Zuwendung und Liebe. Sie sprechen von der Kraft Gottes
gerade für schwere Stunden.

Bestell-Nr. 71126
Winrich Scheffbuch
Wer Jesus hat, hat das Leben
TELOS-Tb., 768 Seiten, DM/sfr 21.80

Ein besonderes Andachtsbuch, lebendig und plastisch in
seiner Sprache und den Beispielen. Zum behandelten Text-
abschnitt kommen ein Liedvers, weiterführende Bibelstellen
und ein Gebet.

Bestell-Nr. 75021
Eduard Ostermann
Ich setze auf das Leben
TELOS-Tb., 64 Seiten, DM/sfr 2.80

Ein Mann der Wirtschaft begründet seine positive Erwartung
mit seinem Glauben an Jesus Christus. Die harte Wirklichkeit
unserer Zeit und der Hoffnung vermittelnde Glaube sind
für ihn kein Gegensatz.

Bitte fragen Sie in Ihrer Buchhandlung nach diesen Büchern,
oder schreiben Sie an den Hänssler-Verlag, Postfach 1220,
D-7303 Neuhausen-Stuttgart.